DESCRIPTION

D'une nouvelle Eſpèce de

PORC À LARGE GROIN,

O U

SANGLIER D'AFRIQUE;

Découvert depuis peu, & encore tout-à-fait inconnu, pris dans les Contrées
les plus reculées de l'Afrique, & apporté de-là dans la Ménagerie de

SON ALTESSE SÉRÉNISSIME

*MONSEIGNEUR LE PRINCE D'ORANGE ET DE NASSAU,
STADHOUDER HÉRÉDITAIRE, GOUVERNEUR, CAPI-
TAINE GÉNÉRAL ET AMIRAL DES PROVINCES-UNIES
DES PAIS-BAS, &c. &c. &c.*

Par

A. VOSMAER,

*Directeur des Cabinets d'Hiſtoire Naturelle & de Curioſités de S. A. S., Membre de
l'Academie Impériale, & Correſpondant de l'Academie Royale des Sciences de Paris.*

A AMSTERDAM,
CHEZ PIERRE MEIJER,
MDCCLXVII.

HISTOIRE NATURELLE

D U

PORC À LARGE GROIN *,

O U

SANGLIER D'AFRIQUE.

Jusqu'ici l'on auroit pu penfer, que pour fe former une idée des Quadrupèdes, connus fous le nom de Porcs, on n'avoit qu'à fe repréfenter un animal, dont les lignes externes de la tête fe réuniffent en une figure approchante de celle d'un triangle fcalène, mais lesquelles, contournées & coupées au bout, vers la bouche de l'animal, fe terminent ainfi en une efpèce de cône. Mais la Nature, pour ainfi dire prodigue de fes dons, ne manque jamais de nuances ou de modifications dans fon cours d'ailleurs ordinaire. Encline à lier les objets les uns aux autres, comme en une chaine, elle forme différentes claffes, & différens genres, fans les affujetir à des limites fixes. De-là ces tranfitions presque imperceptibles qu'on rencontre dans les végétaux & les animaux; & de-là ces fenfations de l'ame, que leur contemplation produit dans tout homme raifonnable.

Le

---

* *Je lui ai donné ce nom, à caufe de ce caractère qui fe fait remarquer le tout premier; & parce qu'étant jusqu'ici entièrement inconnu, il n'en avoit point encore reçu.*

A 2

Le genre des Porcs ne s'étend pas fort loin jusqu'ici. Notre Porc Européen (*a*), descendu, fans doute, du Porc fauvage, ou Sanglier (*b*), eft devenu domeftique chez nous, & en quittant fon naturel farouche, il a fubi des changemens inconcevables. Chaque climat différent a néanmoins fes efpèces particulières, que la foigneufe Nature conferve dans les Bois affignés à leur demeure. Les accouplemens d'animaux de divers Païs, donnent bien auffi quelquefois des races bâtardes; mais on doit envifager ces accouplemens comme des violences faites à la Nature.

Dans la Partie occidentale de l'Afrique fe trouve le *Porc de Guinée* (*c*), connoiffable à fes oreilles pointuës, & dont JOHNSON donne la figure, *Tab.* XLVI, qui, fuivant BRISSON, eft bonne; mais il auroit pu dire paffable.

L'Amerique produit le foit-difant *Porc-à-Mufc*, le *Tajacu*, ou *Tajaffu* (*d*), qui porte le prétendu nombril fur le dos.

En Afie, dans l'Ifle de *Bouro*, une des Moluques, fe trouve l'étrange *Porc-Babyroffa* (*e*), remarquable par fes dents ou défenfes, qui, partant de la mâchoire fupérieure, fe recourbent vers le haut, ce qui lui donne un air fort bizarre.

Voilà les quatre fortes de Porcs connus jusqu'à ce jour, & que nous allons enrichir d'une cinquième, dont il s'en voit un dans la Ménagerie de S. A. S. Mgr. le Prince d'ORANGE.

Les caractères du genre des Porcs, qui le diftinguent de tous les

au-

(*a*) BUFFON, *Hift. Nat. Tom. V. Tab. XVI. Ed.* 4°.

(*b*) ———— ———— ———— ———— ——— *XIV. p.* 99.

(*c*) LIN. *Syft. Ed.* X. *p.* 50. *fp.* 2. BRISSON, *Quad. Ed.* 4°. *p.* 109. MARC-GRAAF, *Brafil. p.* 230.

(*d*) LIN. *Syft. Ed.* X. *p.* 50. *fp.* 3. BRISSON, *Quad. Ed.* 4°. *p.* 111. *fp.* 6. BUFFON, *Hift. Nat. Vol.* X. *p.* 21. *Tab. III. &c.*

(*e*) VALENTYN, *Befchr. van Oud en Nieuw O. I. Deel III. p.* 268. LIN. *Syft. Edit.* X. *p.* 50. *fp.* 4. BRISSON. *Edit.* 4°. *p.* 110. *fp.* 5.

autres, confiftent principalement en un nez cartilagineux, & plus ou moins cylindrique, caractère, (que n'a pas notre nouvelle efpèce); ainfi que par fes quatre longues deffenfes, deux de chaque côté, & par fes pieds fourchus, accompagnés de deux onglets qui pendent au-deffus.

Tout comme la Nature a fait des diftinctions dans le large groin de cette nouvelle efpèce, & dans la privation des dents de devant, ce dont nous parlerons ci-deffous, de même elle femble fe jouër à produire quelquefois des variétés fingulières : comme dans cette race de Porc commun, dont les pieds ne font pas fourchus, mais réunis en un fabot; laquelle fe trouve affez fréquemment en Pologne, en Suede, &c. & étoit déja connuë à ARISTOTE (f).

. Le Porc ou Sanglier, que je me propofe de décrire, n'a jamais été, que je fache, vu en Europe, ou connu d'aucun des Ecrivains modernes, bien moins des anciens. On croit cependant pouvoir objecter à celà, que KOLBE, FLACCOURT, BUFFON & ADANSON, parlant de Porcs finguliers qu'ils n'ont vûs qu'en paffant, ou dont ils ont rencontré quelques parties dans des Cabinets, auroient peut-être déja eu en vuë cette cinquième efpèce que je décris, mais c'eft ce qui ne me paroit ni certain, ni même vraifemblable.

„ KOLBE (dit-on) fait mention, entre les animaux de l'Afri-
„ que, d'un Porc fauvage Africain, & il n'eft nullement à préfu-
„ mer que notre Sanglier ou Porc fauvage d'Europe fe trouve
„ auffi dans les Bois en Afrique."

Mr. KOLBE, Allemand, & attentif comme il l'étoit, aura certainement bien connu le Sanglier ou Porc fauvage. Mais voici, par furabondance, fes propres termes, qui contredifent abfolument cette affertion.

„ Les

(f) ARIST. de Hift. animal. Lib. III. cap. I.

„ *Les Porcs fauvages* (*g*) ne font pas fort communs ici, non
„ point tant parce que d'autres animaux de proye les dévorent &
„ les détruifent, que plutôt, à mon avis, parcequ'il n'y a pas de
„ Bois dans les environs du Cap, où ils puiffent faire leur retrai-
„ te. D'ailleurs *ils ne diffèrent point de ceux de l'Europe*, à moins
„ qu'on ne voulût dire, que dans les Païs froids, où ils peuvent
„ trouver abondamment leur fubfiftance, ils deviennent plus grands
„ & plus gras, ce qui néanmoins, quoique celà faffe beaucoup
„ à l'affaire, ne me paroit pas former une différence effentielle.".

FLACCOURT (*h*) ne m'offre pas des raifons plus puiffantes
pour me perfuader qu'il aît eu notre Sanglier en vuë; mais peut-
être bien le *Babyroffa*, & celà encore d'une manière obfcure.

Mr. BUFFON (*i*) parlant d'une partie des mâchoires, de la
queuë & des pieds d'un Sanglier extraordinaire du *Cap Verd*,
qu'on conferve dans le Cabinet du Roi, dit qu'il y a des *dents de
devant* à ces mâchoires : Or elles manquent à notre fujet.

Mr. ADANSON (*k*) dans fon Voyage du Senegal, après un ré-
cit de ce qu'il y avoit rencontré, dit : „J'apperçus un de ces énor-
„ mes Sangliers particuliers à l'Afrique, & dont je ne fache pas
„ qu'aucun Naturalifte aît encore parlé. Il venoit tête baiffée fur
„ moi, & m'auroit infailliblement atteint, fi je ne l'euffe, pour
„ ainfi dire, averti de détourner fes pas, par quelque bruit que
„ je fis en le couchant en jouë. Il étoit noir comme les Sangliers
„ d'Europe, mais d'une taille infiniment plus haute. Il avoit
„ quatre grandes deffenfes, dont les deux fupérieures étoient re-
„ cour-

(*g*) KOLBE, *Defcr. du Cap. Edit. Holl. Tom. I. p.* 196.
(*h*) FLACCOURT, *Hift. de Madagafcar, p.* 152.
(*i*) BUFFON, *Hift. Nat. Tom. XIV. p.* 409. *&c.*
(*k*) ADANSON, *Voyage du Senegal, p.* 76, 77.

„ courbées en demi-cercle vers le front, où elles imitoient les cor-
„ nes que portent d'autres animaux."

Quelle conféquence tirera-t'on de cette defcription? Notre Sanglier eft-il d'une taille fi enorme? L'étrange forme de la tête n'eft-
elle pas la feule chofe qui frappe d'abord les yeux? Et Mr. A-
DANSON, qui vit ce Sanglier d'affez près pour pouvoir découvrir
fes quatre deffenfes & fa couleur, n'auroit-il point remarqué cette
fingulière forme de la tête? Sans parler ici de la diftance du Senegal au Païs des Caffres, ni des Rivières, qui font comme autant
de féparations dans cette Partie du Monde.

Ce merveilleux animal, qui fait l'objet de la defcription pré-
fente, fut envoyé, l'année 1765, du Cap de Bonne-Efpérance,
à bord du Vaiffeau des Indes nommé le PRINCE HE'RE'DITAIRE,
à SON ALTESSE SE'RE'NISSIME MONSEIGNEUR LE PRINCE
D'ORANGE ET DE NASSAU, STADHOUDER HE'RE'DITAIRE,
&c. &c. &c. *de ces Provinces.* Nous en devons la connoiffance
& la poffeffion à Monfr. RYK TULBAGH, Confeiller extraordinaire des Indes, & Gouverneur du Cap de Bonne-Efpérance, dont
l'obligeante & continuelle attention pour l'avancement de l'Hiftoire Naturelle, fous les aufpices de l'Illuftre Compagnie des Indes Orientales, a enrichi le Cabinet de S. A. S. de quantité d'objets auffi agréables, que dignes d'admiration.

A l'égard du domicile de ce Sanglier, Mr. le Gouverneur du Cap
remarque dans une de fes Lettres; „ que ces Porcs fe trouvent le
„ plus fouvent, & que celui-ci avoit été pris entre la Caffrerie
„ & le Païs des grands Namaquas, à environ deux cens lieues du
„ Cap de Bonne-Efpérance, ajoutant que c'étoit le premier de cet-
„ te efpèce qu'on y eût vu en vie."

Le même Gouverneur m'envoya, il y a huit ans *, pour le Cabinet

* *En* 1758.

A 4

binet de S. A. S., parmi plufieurs autres raretés, la peau entière d'un pareil animal (comme il me paroit à préfent) qu'on fe contenta fans doute alors d'enlever fimplement, & qui fut apportée, au Cap, d'un Voyage fait dans l'intérieur du Païs. Je la reçus, en ce tems-là, fous la dénomination de peau d'un *Hartlooper* (Galopeur) fans autres particularités. La peau du corps, quoiqu'apprêtée, fe trouva, faute d'avoir été bien foignée, entièrement corrompuë, de forte que je n'en pus conferver que la tête & les pieds; encore ces parties, dont on avoit tiré les os, étoient tellement deffſéchées & raccornies, qu'elles ne permettoient pas de découvrir la véritable forme de l'animal, & n'en apprenoient rien que de fort incertain. Cette peau deſſéchée de la tête, paroît cependant différer, à plufieurs égards, de celle de l'animal vivant; mais n'étant queftion ici que de l'hiftoire, je remets à les comparer quand j'aurai fait la defcription de notre fujet, auquel je reviens après cette petite digreffion.

· Dès fon arrivée, avant que de le transférer à la Ménagerie du Prince, nommée *le grand Loo*, à une bonne lieuë d'ici & tout proche de Voorburg, la curiofité m'engagea à l'examiner de près. Ayant été apporté ici, dans une cage de bois, dans la Cour du Palais de Monfeigr. le Prince, comme j'étois prévenu, par une Lettre de Mr. le Gouverneur, que cet animal n'étoit point fauvage, je fis ouvrir la porte de fa cage, au devant de laquelle je me trouvois avec quelques Domeftiques de la Cour, & bien-tôt nous le vîmes faire ufage de fa liberté, fans donner, en fortant, la moindre marque de colère; il couroit, bondiſſant gayement, en furetant pour trouver quelque nourriture, & prenoit avidement ce que nous lui préfentions. Après l'avoir laiſſé feul pendant quelques momens, je le trouvai, à mon retour, fort occupé à fouiller en terre, où, nonobftant le pavé de petites briques fort bien liées, il avoit déja fait un trou d'une grandeur incroyable, pour fe rendre maître, com-

me

me nous le découvrîmes enfuite , d'une rigole très-profonde, qui
paffoit au deffous. Je donnai ordre de l'interrompre dans ce tra-
vail infruétueux, & de le renfermer dans fa cage, ce qui ne fe fit
qu'à l'aide de plufieurs domeftiques , & non fans beaucoup de
peines, de cris & de réfiftance. Rentré dans fa cage, qui étoit
pourvuë d'un treillage de bois, il donna à connoitre fon chagrin
par de longs cris, aigus & lamentables, reffemblant fouvent beaucoup à ceux d'un vigoureux enfant qui pleure, avec différens tous
de voix plaintifs & quelquefois fort rifibles.

On peut inférer de ces circonftances, que ce Porc eft fort ap-
privoifé, à quoi la longueur du voyage & la vuë continuelle des
Matelots auront pu contribuer, à moins qu'on n'aime mieux fup-
pofer, qu'il a été pris jeune dans les Bois de l'Afrique, car il me
paroit avoir grandi confidérablement ici.

Cet animal , encore vivant, a très-bien paffé l'hyver dernier,
qui a été fort rude, quoiqu'on l'aît tenu enfermé la plûpart du
tems.

Il femble l'emporter en agilité fur les Porcs de notre Païs, chaf-
fant fouvent le petit Daim de Bengale, l'*Axis* de PLINE (*), plutôt par pétulance que pour lui faire aucun mal.

Il fe laiffe frotter très-volontiers de la main, ou avec un bâ-
ton, & même femble aimer qu'on le faffe rudement. C'eft de
cette manière qu'on eft parvenu à le faire tenir tranquille pendant
qu'on le deffinoit. Quand on l'agace, ou qu'on le pouffe, il fe
retire en arrière, faifant toujours face du côté qu'il fe trouve affailli,
& fecouant ou heurtant vivement de la tête.

Après avoir été longtems enfermé, fi on le lâche il paroit fort
gai, il fautille, & donne la chaffe aux Daims & autres animaux,
en redreffant la queuë, qu'il porte autrement pendante.

Il

____

(*) BUFFON, *Hift. Nat. Tom. XI. p. 397. Edit.* 4°.

A 5

Il exhale une forte odeur, que je ne puis comparer précisément, & que je ne trouve d'ailleurs pas desagréable ; mais quand on le frotte de la main, cette odeur approche beaucoup de celle du Fromage verd, qu'on nomme *Schabzieger*.

Comme tous les autres Porcs, il mange de toutes fortes de grains. Sa nourriture, à bord du Vaiffeau, étoit le *Maïs*, & de la verdure, tant qu'on en avoit; mais depuis qu'il a goûté, dans la Ménagerie, de l'Orge & du Blé farrazin des autres animaux, il s'eft décidé préférablement pour cette mangeaille, ainfi que pour les racines d'herbe & d'autres plantes, qu'il fouille & arrache du bord antérieur de fon groin & avec fes pattes. Le pain de feigle eft ce qu'il aime le mieux; auffi fuit-il comme un chien les perfonnes qui en ont.

Lorsqu'il mange, il s'appuye fort en avant fur fes genoux courbés, ce qu'il fait auffi en buvant, fur-tout quand l'eau eft un peu baffe dans la Ménagerie, en la humant de la furface. Il paroît choifir, pour fon repos & fa commodité, la pofition fur les genoux des pieds de devant; du moins je l'ai trouvé fouvent dans cette attitude.

Ce fujet a les organes de l'ouïe & de l'odorat bien auffi forts finon plus forts qu'en tous les animaux de ce genre. Le moindre mouvement affecte le premier, & par l'autre il flaire, fouille & découvre tout ce qui eft autour de lui ou fous fes pas.

Ces deux organes compenfent la vuë bornée de cet animal, qui, par la petiteffe & la fituation de fes yeux, ne peut pas fi bien appercevoir les objets autour de foi, ces yeux fe trouvant non-feulement placés, dans la tête, beaucoup plus haut & plus près l'un de l'autre que dans les autres Porcs, mais étant encore à côté ou en deffous, plus ou moins offufqués par deux lambeaux, que bien des gens prennent pour de doubles oreilles.

En jugement ou intelligence, comme on voudra l'appeller, il

l'em

l'emporte fur le Porc d'Europe, ce qu'on aura déja remarqué par quelques-unes des circonftances rapportées, mais ce qui peut encore mieux fe vérifier journellement par mille petites particularités.

Quant à la tête, elle eft d'une figure affreufe. La forme applatie & large du nez, jointe à la longueur extraordinaire de la tête, à fon large groin, aux lambeaux finguliers de fes yeux, aux protuberances pointuës, faillantes des deux côtés de fes yeux, & à fes fortes deffenfes, tout cela lui donne un afpect des plus monftrueux.

D E S C R I P T I O N

du Porc à large Groin d'Afrique.

Pl. I.

Comme on a joint ici une fort bonne figure de cet animal, nous ne dirons, dans la defcription, que ce qui eft néceffaire pour l'éclaircir davantage.

On pourra le mieux faire juger de la forme & de la grandeur, en difant: que la longueur depuis le bout du nez jufqu'à l'origine de la queuë, eft de 4 pieds & 3 bons pouces : la hauteur du corps d'entre les épaules jufqu'au bas, 2 pieds & 3 pouces : du milieu des reins jufqu'au bas, 1 pied 11 pouces & 11 feizièmes : la plus grande épaiffeur du corps, 3 pieds 1 pouce : la moindre épaiffeur, près des cuiffes, 2 pieds 10 pouces & demi : la tête, depuis le bout du nez jufques entre les oreilles, 1 pied & 3 bons pouces : la largeur de la tête entre les lambeaux des yeux, au bord fupérieur

rieur : 9½ pouces, la largeur du groin entre les deffenfes, 6 pouces 15 feizièmes : la longueur de la queuë, 10 pouces 13 feizièmes, mefure de Rhinland.

La forme du corps approche affez de celle de notre Porc do-meftique. Il me paroît plus petit, ayant le dos plus applati en deffus, & les pieds plus courts.

La tête, en comparaifon de celle des autres Porcs, eft difforme, tant par fa ftructure que par fa grandeur. Le mufeau eft fort large, applati & très-dur. Le nez eft mobile, à côté un peu recourbé vers le bas, & coupé obliquement. Les narines font grandes, éloignées l'une de l'autre, & ne fe voyent que quand on foûlève la tête. La lèvre fupérieure eft dure & épaiffe à côté, près des deffenfes, par deffus & autour desquelles elle eft fort avancée & pendante, formant, fur-tout derrière les deffenfes, une fraife demi-ovale pendante & cartilagineufe, qui couvre, de chaque côté, les coins du mufeau.

Cet animal n'a point de dents de devant, ni en deffus, ni en def-fous ; mais les gencives antérieures font liffes, arrondies & dures.

Les deffenfes à la mâchoire fupérieure, font, à leur baze, d'un bon pouce d'épaiffeur, recourbées, & faillantes de 5½ pouces dans leur ligne courbe, fort écartées en dehors, & fe terminant en une pointe obtufe. Elles font auffi, à côté de chacune, pourvuës d'une efpèce de raye ou canelure.

Celles de la mâchoire inférieure font beaucoup plus petites, moins recourbées, presque triangulaires, &, ufées, par leur frottement continuël contre les deffenfes fupérieures, elles paroiffent comme obliquement coupées.

Il a des dents molaires, mais elles font fort à l'arrière dans le mufeau, & la réfiftance de l'animal nous a empêché de les voir.

Les yeux, à proportion de la tête, font petits, placés plus haut

dans

dans la tête, & plus près l'un de l'autre & des oreilles, que dans le Porc commun. L'iris eſt d'un brun-foncé, ſur une cornée blanche. Les paupières ſupérieures ſont ſeulement garnies de cils bruns, roides, droits & fort ſerrés, plus longs au milieu que des deux côtés. Les paupières inférieures en ſont dépourvuës. Le conduit lacrymal eſt fort long, & deſcend obliquement vers le bas.

Les oreilles, paſſablement grandes, plus rondes que pointuës, en dedans fort veluës de poils jaunes, ſe renverſent en arrière contre le corps.

Sous les yeux l'on apperçoit une eſpèce de petit ſac bulbeux ou glanduleux, & immédiatement au-deſſous ſe font voir deux pellicules rondes, plattes, épaiſſes, droites & horizontales, que j'appelle lambeaux des yeux; leur longueur & largeur eſt d'environ 2¾ pouces; elles ſont mobiles, & à-peu-près de l'épaiſſeur d'un quart de pouce. Les ignorans prennent ces pellicules pour des oreilles, & nomment l'animal, pour cette raiſon, un Porc à quatre oreilles. Sur une ligne droite, entre ces pellicules & le muſeau, paroît, de chaque côté de la tête, une protubérance dure, ronde & pointuë, ſaillante en dehors.

La peau ſemble être fort épaiſſe, & remplie de lard aux endroits ordinaires, mais diſtenduë au col, aux aînes & au fanon.

En quelques endroits elle paroît legèrement canelée, inégale, & comme ſi la peau ſupérieure muoit par intervalles.

Sur tout le corps ſe montrent quelques poils, clair-ſemés, comme en petites broſſes de trois, quatre & cinq poils qui ſont plus ou moins longs, & poſés en ligne droite les uns près des autres. La plûpart de ces broſſettes ſont de trois ou de cinq poils. Le front entre les oreilles paroit ridé & eſt garni de poils blancs & bruns fort ſerrés, qui partant du centre s'applatiſſent ou s'abaiſſent de plus en plus. De-là, vers le bas du muſeau, deſcend,

au

au milieu de la tête, une bande étroite de poils noirs & gris, qui partant du milieu s'abbattent de chaque côté de la tête: du refte ils font clair-femés.

C'eft principalement fur la nuque du col & fur la partie anté-rieure du dos qu'il y a le plus de foyes, qui font auffi les plus ferrées & les plus longues. Leur couleur eft le brun-obfcur & le gris. Quelques-unes ont jufqu'à fept ou huit pouces de longueur, avec l'épaiffeur de celles des Porcs communs, & fe fendent de même. Toutes ces foyes ne font pas droites, mais legèrement in-clinées. Plus loin fur le dos, elles s'éclairciffent, & diminuent tellement en nombre, qu'elles laiffent voir par-tout la peau nuë. Du refte, les flancs, le poitrail & le ventre, les côtés de la tête & le col, font garnis de petites foyes blanches, qui forment comme une couture aux glandes des oreilles.

Les pattes font conformes à celles de nos Porcs. Les ongles ou pieds, divifés en deux, pointus & noirs. Les faux on-glets pofent auffi à terre, mais font pendans la plûpart du rems.

La queuë eft mince, perpendiculairement pendante, rafe & fe termine prefqu'en pointe.

Cet animal, qui eft de l'efpèce mâle, a les tefticules adhérens à la peau du ventre entre les cuiffes. Le prépuce eft fort vafte au bout, & contient une partie de l'urine.

La couleur de l'animal eft noirâtre à la tête, mais d'un gris roux clair fur le refte du dos, & du ventre &c.

D E-

DESCRIPTION

de la forme différente de la peau de la tête d'un semblable Porc,
envoyé ici, en 1758., du Cap de Bonne-Espérance.

En général cette tête paroit plus petite. Le muſeau eſt moins
large. Il lui manque les deux lambeaux horizontaux ſous les yeux.
Cependant on y voit de petites éminences, qui en paroiſſent être
les bazes ou principes. Mais il n'a point ces protuberances rondes & pointuës, qui ſont placées en ligne droite entre ces lambeaux des yeux & le muſeau. En revanche les deffenſes ſont
beaucoup plus grandes, les ſupérieures, qui ont des deux côtés
une profonde foſſette ou canelure, & qui ſe terminent en pointe
aiguë, ſortant plus de 6½ pouces des côtés du muſeau, & les inférieures 2½ pouces : Celles-ci, par leur frottement contre les
premières, ſont obliquement uſées, & par-là fort aiguës.

On voit, à ces différences, qu'elles doivent avoir une cauſe ;
mais quelle eſt cette cauſe ? La grandeur des deffenſes du dernier
ſujet montre aſſez que cette peau ne peut être d'un jeune animal :
ainſi il ne nous reſte qu'à ſuppoſer que c'eſt celle d'un Porc femel-
le. Je ne trouve aucune différence aux pieds.